$L.b$ 16.

LA
VIEILLE SOCIÉTÉ
ET LA
NOUVELLE RÉPUBLIQUE.

PROGRAMME

POUR L'ASSEMBLÉE NATIONALE.

PLAN DE L'ORGANISATION UNIVERSELLE DU TRAVAIL.

PAR DE LA BORNE.

Échauffe ton esprit avec ton cœur.
Éclaire ton cœur avec ton esprit.

Prix : 25 centimes.

PARIS

CHEZ SIMON, LIBRAIRE,

PASSAGE JOUFFROY, 52.

1848

Imprimerie HENNUYER et Cᵉ, rue Lemercier, 24. Batignolles.

Les articles que nous plaçons ici sous le titre de
la Vieille Société, étaient préparés pour paraître,
lorsque éclata la révolution de Février. Nous avons
d'abord pensé qu'ils devenaient inutiles, cette révolution devant naturellement accomplir les réformes dont ils étaient destinés à faire sentir la
nécessité; toutefois, comme ces réformes ne sont
encore qu'une espérance, et qu'aujourd'hui le privilége, qui semblait d'abord abattu, paraît vouloir
perpétuer ses avantages, nous sommes revenu à la
pensée de ces articles, et les faisons précéder celui
que nous intitulons *la Nouvelle République*, article
qui expose nos idées sur *la Société rationnelle*, ou sur

la Constitution finale à donner à la société. Les premiers, en offrant le tableau de la société ancienne, marqueront le point de départ de l'ère nouvelle dans laquelle nous entrons.

LA VIEILLE SOCIÉTÉ.

DÉNI DE JUSTICE.

Ce n'est pas de la justice du Palais qu'il s'agit, mais de la justice sociale, plus grave et plus universelle.—Chacun, dans la société, est-il placé comme il le mérite, récompensé à raison de ce qu'il fait? Non!... Qui ne sait que bien souvent l'ignorant tient la place du docte, l'incapable celle de l'homme de talent, l'esprit stérile celle du génie, le charlatan celle de l'homme probe et utile! — Qui ne sait encore qu'après ces grandes dissonances, l'échelle des positions sociales et des fruits du travail n'est que fort peu harmonique avec celle des capacités et des labeurs; que les degrés de la société sont livrés à l'assaut simultané de l'intrigue, du savoir-faire, du servilisme, de la faveur, du mérite aussi (qui est le moins belliqueux), et que le hasard aveugle prime sur le tout!

Mais la JUSTICE voudrait l'accord du fait avec le droit, le point de départ égal pour tous, l'impartialité, la vérité, la règle morale, loyale et uniforme; et le défaut de tout cela jette dans la société une cause de trouble, de malaise, d'agitation douloureuse, de plaintes infinies et inutiles!!!

Il y a déni de justice!

DÉNI DE TRAVAIL.

Y a-t-il un endroit public où un homme puisse se présenter en disant : Je ne puis trouver d'occupation; cependant j'ai bonne envie de travailler, je suis dispos, bien portant, me voici, employez-moi! — Un tel lieu n'existe pas. Les individus sont abandonnés à eux-mêmes. Tant pis pour la société si un homme reste sans rien faire; tant pis pour l'homme s'il meurt de faim !

DÉNI DE SÉCURITÉ.

Pour le pauvre pas d'existence assurée, puisque, par un vice affreux de la société, le travail, son seul soutien, peut lui manquer, et que, par l'atteinte de la maladie, il peut lui-même manquer au travail. Ainsi, pour le pauvre pas de sé-curité. Il ne peut jouir de cette quiétude, de cette sérénité, de ce calme précieux qui doublent l'existence ; éprouver ce *sentiment de certitude* qui rend sûr de soi, qui permet de s'élancer avec puissance et confiance dans la voie du pro-grès : mais il a pour partage une vie tourmentée, soucieuse, vacillante et pleine d'appréhensions.

O sécurité ! trésor inestimable ! la société semble faite sur-tout pour te donner aux hommes, et elle ne t'accorde qu'à ses enfants privilégiés ; elle te refuse aux autres, qu'elle dé-laisse. T'obtenir pour tous, ô sécurité bienfaisante ! est le premier progrès qu'il faudra désormais demander à l'état social.

DÉNI D'ÉDUCATION.

L'esprit humain, par ses développements successifs, est arrivé à un ensemble d'idées, de connaissances, de prin-cipes rationnels et moraux, qui font son patrimoine, et pla-cent l'homme actuel à une distance prodigieuse de l'homme primitif. Cependant la grande masse, dans la société, ne participe que bien peu à cette lumière, source divine de jouissances et de force, réservée comme par privilége à quelques-uns. Ce bienfait des siècles ne devrait-il pas être offert à tous, et répandu selon qu'il pourrait fructifier dans chacun?... Loin qu'il soit fait ainsi, nous voyons un grand nombre d'hommes, qui sont nos frères, voués aux ténèbres et à la faiblesse d'une profonde ignorance. Il faut le crier bien haut, les directeurs de la société, en déclinant la grande œuvre de l'éducation générale, manquent à leur devoir le plus noble et le plus essentiel.

LE HASARD.

Dans une société bien organisée, les mots de *malheur* et de *bonheur*, dans leur application personnelle, perdraient beaucoup de leur importance. Le hasard aurait beaucoup moins de part aux événements de notre vie, et nos malheurs de toute espèce, par une prévoyance et une providence sociale, seraient autant que possible prévenus ou compensés.

LES PARVENUS.

Pourquoi les parvenus sont-ils, en général, si durs, si insolents, et bien plus, d'ordinaire, que les gens riches et haut placés d'origine ? C'est parce qu'ils s'exagèrent leur propre mérite et rapetissent le mérite de ceux qui sont restés pauvres; c'est qu'à raison de cette différence ils se croient volontiers d'une autre nature ; c'est qu'ils ne font pas la part du hasard, élément si influent dans nos sociétés imparfaites, du hasard qui a pu les placer à un point de départ favorable, et les servir encore le long du chemin ; c'est qu'ils ne remarquent pas, après tout, qu'il y a d'autres mérites au monde que l'avarice, l'ambition, et, si l'on veut encore, l'esprit de supputation et le jugement vulgaire ; c'est, enfin, qu'ils oublient trop souvent que c'est à l'inhumanité, à l'injustice, à la fraude, à l'intrigue, à la bassesse, c'est-à-dire à des vices si ce n'est à des crimes, qu'ils doivent leur fortune ; tandis que, dans une société telle que la nôtre, l'homme d'une intelligence supérieure, d'un courage inépuisable, mais d'un cœur élevé et d'une loyauté sans réserve peut, s'il est né dans la pauvreté et l'isolement, lutter toute sa vie contre des obstacles sans cesse renaissants et mourir à la peine !

Eh bien, oui! on ne saurait trop le répéter, il y a dans l'âme humaine d'autres qualités que celles qui, parmi nous, font le plus aisément réussir et prospérer ; il y a d'autres qualités, ne fût-ce que le GÉNIE! — ce soleil de la société, qui l'éclaire et qui l'anime ; — qualités d'autant plus belles qu'elles sont plus *sociales* et moins *personnelles ;* et si ces nobles et généreuses qualités peuvent laisser un enfant du ciel livré au mépris des hommes et aux angoisses de la faim, c'est que la société est injuste, ingrate et insensée.

Les parvenus devraient donc se montrer modestes, et surtout considérer comme un devoir d'être bienfaisants.

AVARICE. — ÉGOISME.

L'avare refuse tout à lui et aux autres.

Je me trompe, l'avare ne refuse pas toujours ses démar-ches, ses bons offices : il ne refuse que son argent. Pour lui il n'y a pas de mesure commune, de terme de comparaison entre l'argent et quoi que ce soit.

L'avare, après tout, ne fait guère de tort qu'à lui-même. Ce dont il s'est privé pendant sa vie se retrouve après sa mort.

L'avare est un pauvre fou.

L'égoïste est un affreux sage.

L'égoïste ne refuse rien à lui-même, et refuse tout aux autres.

Tel est du moins *l'égoïste absolu ;* mais les égoïstes de ce genre sont rares, tant l'homme a besoin de société.

Le riche égoïste, d'ordinaire, veut vivre dans le calme, la tranquillité ; il ne peut souffrir que rien le trouble et le dérange ; il ne veut pas s'exposer à ce que sa femme, ses enfants, ses serviteurs même, viennent lui exprimer des besoins, des plaintes, des reproches. Il les fera donc plus ou moins participer à son bien-être. Hors de ce cercle il ne connaît plus personne : il n'a ni frères ni amis. C'est *l'égoïste domestique*. — Inutilement on irait lui parler d'un service à rendre, d'une infortune à secourir, d'un artiste pauvre à aider. S'adresser à lui pour une bonne œuvre serait entièrement se fourvoyer.

L'homme d'affaires, *l'homme d'argent*, à l'âme aride, au cœur dur, aux spéculations impitoyables, se fait un dieu de sa personne, en y rattachant plus ou moins ses plus proches. Tout le reste n'est pour lui que matière à exploiter. C'est *l'égoïste spéculateur*.

Et *l'égoïste politique !* — S'élever en puissance, en fortune, en honneurs, est son but unique. Les misères et les souffrances de la masse des hommes ne touchent point son cœur. Le désordre, la corruption sociale n'indignent point son âme. Indifférent aux vices de la société, il ne s'occupe qu'à les utiliser à son profit, si même, pour plus de succès, il ne travaille à les aggraver.

Si l'on voulait décrire toutes les variétés et les formes de l'égoïsme, cette plaie hideuse de notre époque, on ferait un long chapitre, et en voilà bien assez, pour le moment, sur un sujet si pénible.

RICHESSE. — PAUVRETÉ.

Certains économistes de mauvais aloi, et le peuple lui-même quand il se fait économiste, trouvent bon qu'il y ait des riches, parce que, disent-ils, les riches font aller le commerce.

D'après ce principe, une nuée d'amateurs pourraient venir nous dire : Peuple sensé, faites-nous à chacun cent mille livres de revenu. Nous aurons maison bien montée, table bien servie, chevaux bien nourris, nous mènerons joyeuse vie...; le commerce *ira*, et votre argent vous rentrera. — Nous serions, je pense, assez avisés pour répondre ;

Vraiment ! mais alors nous vous aurions donné nos produits pour rien.

Pourquoi ne raisonne-t-on pas toujours ainsi ? Pourquoi la société fait-elle des riches qui reçoivent sans rien donner ?

Des riches, avec une parfaite bonne foi, s'écrient de leur côté, lorsqu'on leur rapporte que des prolétaires chagrins se plaignent du privilége de la richesse : Eh ! qu'est-ce que deviendraient les gueux s'il n'y avait pas des riches *pour les faire travailler ?*

Quelques-uns, qui n'ont jamais fait œuvre de leurs bras ni de leur esprit, s'élèvent au sublime et vont jusqu'à dire que ce sont les riches qui nourrissent les pauvres.

J'ai entendu dire aussi, bien naïvement et un peu mélancoliquement, par de pauvres journaliers : « Faut bien qu'il y ait des pauvres, pour qu'il y ait des riches ! »

Pauvre peuple ! tu n'es pas content, et tu es plus que philosophe !

Les idées les plus fausses règnent populairement sur les questions qui touchent le plus intimement au bon ordre et à la justice sociale. Si un pauvre demande à un autre, en parlant d'un riche oisif : « Que fait-il ? » la réponse ordinaire est celle-ci : « Oh ! il ne fait rien ; il n'en a pas besoin : c'est un homme très comme il faut. »

Et c'est le peuple *travailleur* qui parle ainsi !

La pauvreté se perpétue dans les familles, comme la richesse. C'est *un fait*. Et l'on vient prétendre qu'avec nos institutions, dites d'égalité devant la loi, chacun peut librement s'élever à raison de son travail et de ses facultés !

Égalité devant la loi ! Dérision ! Cet homme a les jambes liées et vous lui dites : La route est libre, tu peux marcher.

Et encore, y a-t-il égalité devant la loi lorsque le pauvre, arrêté par les frais préliminaires et par l'attache à son travail, est hors d'état de se faire rendre justice et d'invoquer la loi? Par-dessus tout, y a-t-il égalité devant la loi, lorsque la loi, par le seul fait qu'il est pauvre, l'exclut des droits politiques? Y a-t-il égalité devant la loi, lorsque la loi est partout et dans tout loi fiscale et loi d'argent!

L'influence de l'argent dans la conduite de la vie et les relations sociales ; la puissance, la vanité, l'insolence qui en résultent d'une part ; la faiblesse, l'humilité et l'abaissement de l'autre ; la corruption partout... voilà ce qui vicie notre société jusqu'au fond des entrailles. Tant que le principe du *travail* et du *mérite* n'aura pas complètement remplacé celui de l'*argent*, la société sera immorale et malheureuse.

Ne semble-t-il pas que les biens sociaux aient été donnés au pillage, à voir le hasard qui préside à leur distribution? Pourquoi celui-ci est-il pauvre, et pourquoi celui-là est-il riche? Pourquoi surtout, si le premier a plus d'intelligence et plus de courage? Pourquoi, lorsqu'il travaille sans cesse et que sans cesse l'autre ne fait rien?

Pourquoi faut-il que le génie soit tributaire de la sottise, l'activité de la paresse?

Pourquoi en est-il qui sont privés de ressources pour faire valoir les facultés qu'ils ont, et d'autres qui ont les ressources pour faire valoir les facultés qu'ils n'ont pas?

Pourquoi des êtres bons, de haute intelligence, qui pourraient devenir les bienfaiteurs de l'humanité, qui devraient être entourés de moyens d'action et, en récompense de leurs œuvres, de moyens de bonheur, pourquoi, s'ils sont nés pauvres et isolés, sont-ils mis en quelque sorte au ban de la société, et abreuvés de dégoûts, de malheurs et d'outrages?

La science, la philosophie, le génie inventif et observateur sont les premiers principes de tout progrès humain, et cependant ces talents et ces facultés, réduits à eux-mêmes, laissent sans ressources ceux qui les possèdent. Dans notre malheureuse société, si prodigue en souffrances, les grandes, les immenses douleurs sont pour les hommes nés dans la pauvreté et qu'une vocation irrésistible appelle aux travaux de l'esprit.

L'homme qui ne possède rien, fût-il un Homère, un Watt ou un Newton, sera à la merci du marchand ou du rentier qui a des écus.

Ceux-là, presque à coup sûr, le repousseront, ou, s'ils daignent l'accueillir, le dirigeront, le régenteront, l'annuleront, et même le conseilleront !

L'intelligence, les plus hautes facultés de l'homme sont, dans leur exercice et leur manifestation, attachées et subordonnées à quelques misérables morceaux de métal. Cet état de honte et d'esclavage doit-il enfin avoir un terme, et ne verra-t-on pas un jour l'esprit secouer le joug de la matière !

Il y a trois éléments dans la production : l'intelligence, le travail et le capital. L'intelligence et le travail sont essentiellement *personnels*. Le capital, qui de sa nature est *impersonnel*, doit être *social*, et ne pas dépendre, dans sa dispensation, du caprice et du bon plaisir de tel ou tel imbécile.

Le capital est indispensable à la production, mais non le *capitaliste*.

Que conclure ? — Que la société est bien mal faite ; qu'elle doit, en ménageant les droits acquis, se réformer profondément, et s'instituer enfin sur les bases de la justice et de la raison.

LA NOUVELLE RÉPUBLIQUE.

Unité,
Liberté, Égalité, Fraternité,
Ordre.

Existence assurée à tous.

Association universelle.

Plus d'exploitation de l'homme par l'homme!

« Un problème bien posé est à moitié résolu. »

La République est fondée à jamais ; mais il faut l'affermir, la défendre au besoin contre les attaques, l'organiser fortement, et lui faire porter ses fruits.

Où sera la solidité, la force, la virtualité de la République? Dans son organisation profondément démocratique, qui garantira toutes les libertés, fera constamment relever les pouvoirs publics du Peuple, et les empêchera de s'écarter des intérêts auxquels il est dans leur devoir de satisfaire.

Ce point est essentiel, car une république bourgeoise et aristocratique, si elle se pouvait soutenir, ne serait que le système déchu sous un autre nom.

Une bonne constitution de la République rendra seule possible et durable la grande œuvre de la rénovation sociale, destinée à réparer les maux des âges qui nous ont précédés, et qui sera le fruit précieux de notre immortelle Révolution.

Consacrer le droit de tous au Travail.

Organiser le Travail général sur la base de l'Association et de la Solidarité universelles. Procéder d'une manière graduelle, afin d'utiliser les lumières de l'expérience, et d'éviter toute solution de continuité dans la production.

Dans cette organisation, étendre et régler le travail de manière que chacun, selon la mesure de ses forces, et autant que possible, suivant son aptitude, puisse être constamment occupé ; — modérer la durée de la journée de travail ; — laisser à chacun la faculté, en réduisant son droit au partage, de l'abréger encore ; respecter ainsi la liberté de l'homme ; — multiplier les machines au profit de tous, soit pour augmenter la somme des produits, soit pour diminuer la peine ou la durée du travail ; — permettre à chacun de s'élever aux différents degrés de la hiérarchie par son zèle, son intelligence, son savoir, sa capacité ; — rendre tous les emplois et grades, directement ou indirectement électifs ; — régler au budget annuel voté par la représentation nationale, la *proportion* des avantages qui leur seront attribués.

Comprendre dans l'Organisation générale du Travail, celle du travail scientifique, littéraire et artistique.

Conserver à chacun, dans l'Organisation générale, sa spontanéité ; — donner à toutes les œuvres élevées, à toutes les conceptions, les inventions, les idées nouvelles et utiles, les moyens de naître et de se développer, en facilitant et récompensant leurs auteurs. Obtenir ainsi les avantages de la *libre concurrence*, dégagés de ses inconvénients.

Organiser la Distribution des produits, et par là supprimer les faux frais énormes et la fraude de la concurrence commerciale.

Organiser la Consommation alimentaire, et obtenir ainsi un immense avantage, tout en réservant les habitudes du foyer domestique.

Organiser l'Éducation générale et l'Enseignement professionnel ; — faire participer tous les enfants à l'éducation générale donnée gratuitement, et à l'enseignement professionnel, théorique et pratique, également gratuit, dispensé suivant les capacités et les aptitudes, et, dans une certaine mesure, selon le vœu des parents ; — continuer l'enseignement gratuit supérieur, pour les personnes faites, dans de grands cours oraux, d'un accès libre, professés aux heures et aux jours de repos, par des hommes du premier talent ; — donner à chacun, quel que soit son âge, la facilité de changer de profession, à son gré, par des Écoles professionnelles permanentes, où les élèves s'acquitteraient des frais d'un apprentissage ordinairement très-court, à cause de la supériorité des méthodes, par une partie de leur travail.

Organiser les Soins et le Soutien à donner aux malades, aux infirmes et aux vieillards, qui devront être secourus et entretenus d'une manière humaine et digne.

Faire, en un mot, de la Société tout entière une seule Famille, une seule École, une seule Ferme, un seul Atelier, une seule Académie, immenses, subdivisés méthodiquement, comprenant tout le monde, vivant, fonctionnant sous une grande et unique impulsion générale, expression démocratique des vœux et des besoins de tous, et n'excluant aucune activité, aucune inspiration particulière, présentant le double spectacle sublime de l'Organisation et de la Liberté, n'admettant que les intérêts légitimes, ceux du travail, du talent, du génie, annulant par conséquent,—et cela sans spoliation, par des mesures progressives tenant compte des droits acquis,—*l'aristocratie de l'argent*, c'est-à-dire le privilége de la fortune par la naissance, par le hasard des circonstances, la faveur et d'autres sources moins avouables ; le privilége de la fortune, qui permet de vivre sans rien faire, ou d'écarter, d'exploiter les prolétaires dans les carrières intellectuelles et les entreprises de la production : cette aristocratie, la plus divisée, la plus oppressive, la plus basse, la plus humiliante, — que notre première Révolution n'a pas abordée, — et que notre Révolution de 1848 doit enfin abolir, si elle veut être quelque chose, si elle veut être la dernière.

Tels sont les principes, tel est le but à atteindre, tel doit être, suivant moi, le programme de la République et de la société, celui que dans notre pensée la Représentation nationale devra réaliser.

Union. — Constance. — Intelligence.
Esprit d'ordre. — Légalité.

Tant que le peuple sera en possession du vote universel, de la liberté de la presse, de la liberté pacifique de réunion et d'association, — ces conditions de la souveraineté nationale, ces garanties de la justice et du progrès, — il restera maître de ses destinées. Mais si une faction égoïste venait à y toucher, la Révolution serait à recommencer.

FIN.